S^{r}

$Lb.1504.$

PREMIER

SERMON POLITIQUE

A SES JEUNES FRÈRES;

PAR

JONATHAN.

PRIX : 25 CENTIMES.

Paris

CHEZ LES MARCHANDS DE NOUVEAUTÉS.

1832

PREMIER

SERMON POLITIQUE

A SES JEUNES FRÈRES;

PAR

JONATHAN.

Mes bons camarades, et vous tous mes chers amis, écoutez
bien ceci, car c'est un sermon ; or, vous avez besoin de sermon tous tant que vous êtes, tas de cerveaux brûlés qui
croyez à l'honneur, à la sainteté du serment, à la patrie ;
sottes niaiseries dont les gens sensés, voire les plus hupés,
ne font pas plus de cas que d'une prise de tabac par terre.
Ecoutez-moi, dis-je, mes frères, il s'agit de morale politique.

Vous aviez cru jusqu'ici qu'il suffisait, dans ce bas monde,
d'avoir raison pour obtenir gain de cause. Pauvres simples
têtes, ce n'est pas le bon droit qui triomphe, c'est l'habileté ;
tâchez donc d'être habiles. Premier point.

Le trop de précipitation peut compromettre les meilleures
affaires, tandis que l'eau qui tombe sans cesse lentement
et goutte à goutte finit par trouer la pierre, comme dit le
proverbe ; apprenez de là à ne pas vouloir aller trop vite.
Second point.

Soutenez-vous les uns les autres et restez amis ; d'ailleurs,
toute maison divisée contre elle-même sera détruite, dit l'E-
vangile. Il m'est avis que vous ne respectez pas assez ce sage

précepte; aussi en ferai-je la matière de mon troisième et dernier point.

N'est-il pas vrai que vous ne savez pas au juste ce que vous voulez faire? Et cependant comment atteindre le but si l'on ne l'aperçoit point distinctement. Il en est parmi vous qui souhaitent un gouvernement pareil à celui de l'Union américaine, qui, après tout, pourrait bien n'être pas mauvais puisqu'il rend heureux dix millions d'êtres éclairés, mais auquel on fait une objection grave et bien difficile à réfuter; c'est d'être une *théorie* (quelquefois on dit *utopie* pour plus de diversité). Ce sont les doctrinaires républicains, comme on les appelle. Il en est qui ne veulent nous faire quittes à moins d'un comité de salut public; pour eux le règne des Jacobins est le beau idéal d'un gouvernement. C'est leur goût à eux, gens à fibre forte, à cœur vigoureusement trempé. Ce sont Mirabeau ou Danton pour l'insolence, pensez-vous? Non point: ce sont de jolis petits visages frais et rosés qu'un léger duvet couvre à peine, qui rougissent et baissent timidement les yeux quand vous leur parlez, et qui tantôt vous disent que Marat seul entendait la question. Il en est d'autres encore.... c'est à regret que j'en parle; ceux-là sont gens qui n'ont aucune idée en matière de gouvernement, qui n'ont pas plus de préférence pour la république que pour le Grand-Turc. C'est la négation d'un gouvernement qu'ils demandent. Ils aiment les changemens, les bouleversemens; la plus grande partie, parce qu'ils ont besoin d'émotions fortes; les autres, et cela se conçoit, parce que c'est en eau trouble qu'on pêche. Ce sont les cosaques du parti, troupe légère qui se met toujours en avant, qui est de toutes les émeutes, qui ne s'en lasse jamais. Honte! opprobre! misérable vermine qui voudrait se rattacher à nous pour nous souiller! Ces gens-là me font monter le rouge au front lorsque j'entends l'un d'eux dire, en relevant sa moustache: Et moi aussi, je suis républicain.

Toutes ces fractions du parti s'estiment peu et se craignent. Quelque sot! disent les modérés, nous irons nous faire tuer? et pourquoi donc, s'il vous plait? pour faire arriver au pouvoir ces petits messieurs à mine si douce, qui auront hâte de nous couper le cou! qui sont retenus par d'autres raisons, qui par d'autres raisons encore; et de là rien de bon ne se fait, car je n'estime pour bon quelques cohues sur la place publique.

Car en vérité, je vous le dis, mes frères, les émeutes nous ont fait faire des pas rétrogrades; nous allions entrer, elles nous ont fermé la porte au nez. J'ai parcouru les départemens, partout l'opinion était fortement prononcée, partout des cœurs français battaient fort d'indignation et de honte en voyant notre belle patrie livrée aux lâches; un long murmure s'élevait de tous les coins du pays, et l'orage grondait sur la tête des gouvernans. Une Chambre nouvelle aurait été nommée sous l'inspiration de ces sentimens généreux; eh bien! les émeutes ont tout gâté. — Ah! parbleu, vraiment nous n'y prenions pas garde; ces jeunes gens nous mènent droit à l'anarchie, ce bon M. Périer avait raison! Et vite à la besogne, soutenons le juste milieu, il faut ça pour sauver nos boutiques. — Ainsi ont parlé les électeurs, et le 13 mars est encore là.

Oh! mes amis, qu'avez-vous fait? Si vous aviez su habilement profiter de la disposition des esprits, nous serions loin, bien loin dans la carrière; au lieu de cela, regardez : le 13 mars est là. Je suis fâché de vous le dire, mais vous vous êtes grossièrement trompés, vous avez cru qu'il suffisait de présenter la vérité toute nue aux hommes pour commander leurs hommages; vous avez dit : Avouons tout haut nos doctrines, et la puissance de la raison qui les dicte et notre énergie nous donneront bientôt gain de cause. Pauvres gens! Proclamez donc que vous êtes républicains, et vous verrez vos parens, vos amis vous fuir avec effroi comme si vous étiez quelque animal venimeux. C'est leur bien-être que les hommes chérissent, et non pas la liberté ni la vertu. Or aux yeux de la plupart, aujourd'hui le nom de *république* se lie à toutes les horreurs de 93, à la guerre civile, aux proscriptions; que dis-je? à quelque chose de bien plus affreux, au pillage des boutiques! Quand on leur parle d'une république, ils ne voient qu'une grande gueuse à manteau sanglant, brandissant d'une main un poignard et tenant de l'autre le fatal triangle. Ils ne sauraient l'aimer; ils en ont trop peur. Voyez aussi, quand ces pauvres bourgeois veulent s'émanciper et contrôler les actes du pouvoir, aussitôt le ministère de crier: Voilà la république, la voilà qui vient! Et toutes mes bonnes gens de trembler de tous leurs membres, de promettre d'être sages. C'est un croque-mitaine que la république. D'ailleurs les vieilles traditions, les sentimens enracinés chez les peuples ne s'effacent point en un jour. Pour un grand nombre le mot de *Roi* sonne délicieusement; il leur faut un roi, ils y tiennent, c'est un goût décidé qu'ils ont là. N'allez pas les heurter de front, vous seriez fort mal reçus, comme cela vous est déjà arrivé; agissez comme le ferait un habile général; vous ne pouvez emporter la position de vive force, eh bien! tournez-la. Soyez habiles, car c'est aux habiles seuls qu'il appartient de diriger les hommes. Une aristocratie héréditaire dans l'État est un élément indispensable au maintien du pouvoir exécutif héréditaire qu'on appelle royauté. Eh bien! sachez profiter de l'amour excessif de l'égalité qui règne parmi nous: attaquez tout ce qui ressemble à des distinctions aristocratiques, vous trouverez gens qui vous entendront à merveille; l'envie, la vanité seront vos auxiliaires, et l'on est fort contre les hommes quand on a leurs passions pour auxiliaires. Ce gros épicier qui vous reçoit la baïonnette croisée quand vous prononcez devant lui le mot de *république*, qui se démène, qui tempête, qui va dans sa fureur jusqu'à oublier le cours des sucres ; eh bien ! regardez-le quand vous lui signalez les vices de l'hérédité de la pairie, quand vous lui montrez un sénat ouvert à toutes les ambitions, où le laborieux industriel aura sa place ; voyez comme il se passe la main sur la barbe, comme ses yeux brillent de plaisir ; il se croit déjà assis sur la chaise curule, et se réjouit de la noble figure qu'il y doit faire un jour. En agissant ainsi, la pesante machine concourt sans en avoir la conscience au mouvement général. Jourdain d'une espèce nouvelle, il fait de la république sans s'en douter ; qu'importe ? le but est atteint.

Demandez au garde national pauvre pourquoi tous les gardes nationaux ne jouissent point également du droit d'électeurs ? Comment ! leur pourriez-vous dire, on vous confie le soin de soutenir l'Etat ; vos baïonnettes seules appuient un trône toujours chancelant ; la loi n'a de force que par vous, et pourtant si vous ne payez pas 200 francs d'impôt, c'est-à-dire si vous n'êtes un riche, on ne vous laisse aucune part à ce gouvernement qui n'existe que par vous ! Semblables à ces esclaves que Rome armait au jour du danger, on vous permet de mourir pour la patrie, mais c'est là le seul droit qu'on vous laisse....

Répétez toutes ces choses dans les journaux, dans les brochures ; répétez-les dans les salons, dans les corps-de-garde, partout où un bourgeois vous tombera sous la main ; que chacun de vous devienne un apôtre de la vérité. Peu d'années alors vous suffiront pour opérer la grande rénovation que nous désirons tous ; et quant à ce vieux fauteuil de velours, à bâtons dorés et vermoulus, il ira un beau jour rejoindre les autres oripeaux de la féodalité déjà relégués au grenier, aux grands applaudissemens de nos bourgeois.

Quel boulevart, en effet, opposerait-on à vos attaques ?

On ne fera pas charger la garde municipale sur vos idées, je pense! Les balles ne sauraient atteindre des raisonnemens. M. de Pradt nous l'a enseigné depuis long-temps, et pour cela seul je lui dirais merci. Alors du moins, alors nous n'aurons pas la douleur de voir le plus pur sang de la France, le sang des vainqueurs de Juillet, rougir les ruisseaux de Paris!

A l'entour de moi j'entends murmurer; j'entends dire : Il faut bien du temps pour arriver ainsi, nous sommes pressés; la vie se consume, nous voulons jouir. Ceci m'amène naturellement à mon second point.

En politique, mes frères, attendre est le plus sûr. Combien de bonnes causes ont été perdues pour avoir été plaidées trop tôt! Si Berton avait su attendre, il serait aujourd'hui maréchal de France. Au lieu de cela il a porté sa tête sur l'échafaud, et sans nul profit pour son pays. Les révolutions lentes sont les meilleures : il a été facile de faire rétrograder la liberté au 18 brumaire, impossible au 29 juillet.

Pour vous convaincre combien une guerre de détails est préférable à tout autre système d'attaque, reportez vos regards sur l'état de la France en 1814. Voyez-la recevoir avec enthousiasme la dynastie de droit divin ; il en était qui s'étonnaient du sacrifice que le souverain faisait de sa prérogative en nous octroyant la Charte, on le blâmait presque de tant de bonté. Quinze années se sont à peine passées que la nation, fière de ses droits, n'y voulait point souffrir d'atteinte ; que tout un peuple se levait pour proclamer qu'à lui seul appartenait la souveraineté ; que des milliers de citoyens allaient confesser au prix de leur sang cette vérité sainte.

Comment s'est opéré ce grand changement? Quelle main toute-puissante nous a ainsi transformés d'un peuple de sujets soumis en une société d'hommes libres? Mes frères, ce sont tout bonnement quelques discours de tribune, et quelques articles de journaux; mais ces discours, mais ces articles étaient appropriés aux besoins du moment. Dieu nous garde, répétait-on partout, de chercher à porter la moindre atteinte au trône! Nous serions les premiers à verser notre sang pour le défendre si on l'attaquait; nous n'en voulons qu'à telle ou telle institution mauvaise..... C'est ainsi que parlaient les vieux libéraux nos devanciers; ils marchaient à pas de loup, aussi ne trébuchaient-ils point. Et ils sont arrivés, mes frères, ils sont arrivés sans que M. Dupin ou d'autres se soient vus forcés de mourir sur les degrés du trône.

La liberté, me criez-vous, ne sera-t-elle donc que pour nos neveux? Notre lot à nous n'est-il que de travailler et jamais de jouir? Je ne sais, mes frères; mais dussions-nous, comme le voyageur sacré, n'apercevoir que de loin les délices de la terre promise, je ne reculerai point pour cela devant ma tâche. Pour moi, c'est une foi pure qui me guide. Quelque bien, quelque mal qui m'en doive revenir, mon unique pensée est le triomphe de ma cause. Je ne doute pas, mes frères, que ces sentimens ne soient aussi les vôtres, car je sais que vous êtes des jeunes hommes au cœur plein d'amour et d'honneur; Dieu en soit loué, je ne vois plus dans vos rangs ni A..., ni B..., ni M. C..., ni tant d'autres. Mais à propos de B... vous vous rappelez ses véhémentes diatribes contre le gouvernement: il en était presque éloquent. Il y avait surtout un abus qui le choquait plus que tous les autres, qui lui faisait mal au cœur, c'était le conseil-d'état; j'ai cru long-temps qu'il y avait chez lui une sorte d'idiosyncrasie pour cette institution. Je me trompais bien, car B... est maintenant du conseil-d'état; et c'est de là qu'il foudroie de sa faconde les brouillons politiques; aujourd'hui c'est le mot de liberté qui le fâche, celui de république lui donnerait des convulsions. Quant à C... le jacobin, vous savez tous qu'il est passé à la solde du parti royaliste: point de paix, point de bonheur, point de salut pour la France, écrit-il dans son journal, si elle ne se jette bien vite aux pieds de son légitime souverain. Voilà pourtant, mes frères, comme ces gens passionnés sont aisément détachés de leur cause; défiez-vous-en, croyez-moi, défiez-vous-en. Rappelez-vous que le montagnard Fouché devint un duc, tandis que Lafayette et Dupont n'ont pas changé; et de fait tout sentiment exagéré n'est pas de sa nature durable; l'excès n'est pas l'état normal de l'homme.

Ne concluez pas de là, mes bons amis, que je vous prêche le juste-milieu. A Dieu ne plaise que je cherche à vous faire tomber dans cette sentine impure. Le juste-milieu c'est quelque chose comme l'âne de l'école qui faute de se décider ne bougea oncques et puis creva; plaise au Ciel que notre pauvre France n'ait pas le sort de l'âne. Non, ce n'est pas l'immobilité que je désire, c'est le mouvement lent et sans chutes; c'est le développement *par tous les moyens légaux* des institutions que nous possédons déjà: *par tous les moyens légaux*, entendez-vous. Savez-vous ce que c'est que le développement de nos institutions? C'est la république. Oui, la république tout entière, mais calme et sans échafauds. Vous n'avez pas non plus oublié un principe qui s'est glissé dans notre constitution bien malgré ce pauvre M. Guizot et sa phalange, c'est que le droit de souveraineté appartient uniquement au peuple. Après cela qu'ils se démènent et qu'ils suent; pour moi, je ne puis m'empêcher de rire en voyant le sérieux qu'ils mettent à nous donner une constitution. Une constitution! Pour aujourd'hui, oui, et pour demain peut-être, mais ensuite croient-ils que le peuple souverain s'amusera long-temps de leurs parades constitutionnelles. Non, que je croie: c'est un spectacle assez divertissant, j'en conviens; mais les billets sont trop chers, et comme le disait Paul-Louis, toutes ces représentations-là ce sont des représentations au bénéfice des rois.

Ici expliquons-nous bien, mes frères; lorsque je vous parle de république, je n'entends pas pour cela qu'on doive renverser notre bien-aimé souverain. A Dieu ne plaise qu'une si horrible pensée germe dans mon esprit! Non, non, qu'il reste sur son trône et qu'il y mange agréablement sa provende de millions. Je n'en prétends pas moins que le jour où nous aurons *développé nos institutions,* pour me servir de leur phrase, nous serons une belle et bonne république démocratique dont le président s'appellera sire, ce qui fait qu'on le paiera seulement un peu plus cher que s'il s'appelait monsieur, et à cela je ne trouve à dire; il serait absurde de demander à un prince issu d'une longue et glorieuse lignée de rois la misérable parcimonie d'un Washington, d'un Monroë, d'un Jefferson, qui, comme vous ne l'ignorez pas, étaient des gens de basse extraction et point nobles du tout.

Qu'il ne vous en fâche donc de voir quelques millions jetés là.

Je sais bien que ces millions c'est le pain des pauvres, je sais bien qu'ils se composent du verre de vin enlevé au malade indigent, de la livre de sel soustraite à l'agriculture. Mais, bah! qu'est-ce que cela au prix du bonheur dont on jouit en songeant qu'on a un roi-citoyen pour qui la Charte est une vérité?

Vous autres jeunes gens, vous tombez à tout propos dans de graves erreurs; vous croyez par exemple que le pauvre peuple (je ne parle pas du bourgeois) n'aime pas du tout la splendeur des cours? Eh bien! au contraire, cette splendeur l'enchante; il serait désolé de voir de la simplicité et de l'économie là où il a toujours vu luxe inutile; toutes ses idées s'en trouveraient bouleversées. Quand le palais étincelle de lumières, que des groupes d'hommes chamarrés d'or, que des femmes éblouissantes de pierreries, s'y promènent noblement, qu'une musique harmonieuse y remplit le cœur d'émotions enivrantes, le pauvre est là, là dans la cour, qui regarde et qui écoute. Il est très-content, parce que, pense-t-il, tout cela c'est à lui, c'est son bien, c'est le fruit de son travail. Toutes ces broderies, tous ces diamans, c'est lui qui les a payés, et il est enchanté qu'on les porte aussi galamment, qu'on fasse si bien honneur à sa bourse.

Il reste donc absorbé dans sa contemplation, jusqu'à ce que l'eau froide du ruisseau ait empli ses sabots percés, ou bien que des douleurs aiguës l'avertissent qu'il n'a pas dîné, ou bien encore que quelque brillant équipage le couvre de boue en passant. Il s'en va alors joyeusement conter à sa famille comme quoi la cour est sur un très-bon pied, comme quoi il y règne beaucoup de splendeur et d'éclat ; ses petits enfans en sont tellement contens, voyez-vous, qu'ils en oublient qu'ils n'ont pas soupé : et voilà pourquoi la royauté est très-populaire en France.

Ainsi donc, Messieurs, ne touchons point cette corde ; les gens du roi ne manqueraient point de nous chercher noise, et de nous appeler théoriciens. Notre raison a beau être persuadée par des raisonnemens à l'américaine, nos vieilles habitudes de respect et d'amour ne s'en vont pas si facilement. Et moi qui vous parle, je ne passe jamais devant le palais sans m'y arrêter une heure dans l'espérance de voir notre bien-aimé souverain, et quand je puis l'apercevoir ce m'est une joie infinie. Quelle noble figure ! quel air de franchise ! Tout cela me rappelle les promesses de Juillet, et me met de joyeuse humeur pour tout le jour.

Je m'aperçois, mes amis, qu'il est temps d'en finir avec vous ; vos yeux à demi fermés, les mouvemens convulsifs de votre bouche m'annoncent que mon sermon opère. Je me hâte donc d'arriver à mon troisième point.

Soyez unis, soutenez-vous les uns les autres, disent les livres saints; et ces paroles étaient adressées aux membres d'une société qui surgissait au milieu des vieilles sociétés avec une mission rénovatrice comme la nôtre. Alors aussi il s'agissait de lutter contre de vieux préjugés, de vieilles affections; il fallait bien des sacrifices, bien de la persévérance, bien du zèle, pour renverser la tyrannie qui pesait alors si lourdement sur la société humaine.

Et le but a été atteint; toute cette tâche a été remplie.

Ces hommes pauvres, nus, sans puissance, sans science aucune que la foi, ces hommes ont triomphé. Mais ils étaient infatigables, ils étaient unis.

Quelle force en effet un parti n'acquerrait-il pas par l'union! N'a-t-il pas toujours affaire à des gens divisés? Ne voit-on pas que ceux qui arrivent au pouvoir y demeurent rarement bien ensemble? L'un veut tout dominer; les autres ne peuvent consentir à voir un maître dans un égal. De là mille petites niches qu'en cachette on se fait; ces niches ce sont de belles armes pour l'ennemi, et sa phalange peu nombreuse, mais compacte, qui charge sans cesse en colonne serrée, culbute bientôt une ligne de bataille flottante et divisée.

Lorsque Napoléon dictait les lois à l'Europe, qui songeait à redouter le parti de la Restauration? Qui se rappelait seulement en France qu'il existât des Bourbons? (J'entends *de la branche aînée;* car pour *la cadette*, il va sans dire qu'on y a toujours songé.) Eh bien! Le noble faubourg restait serré autour de sa bannière, travaillant sans relâche, saisissant toutes les occasions, et au jour favorable le géant est tombé devant cette poignée d'intrigans.

Voyez-le encore aujourd'hui ce parti : la même habileté règne dans toutes ses démarches; ses anciennes divisions sont oubliées; on a pardonné même à M. de Martignac et

à ses amis. Chacun pousse vers un but bien défini. Un
comité dirige le mouvement; tout le monde se soumet
aveuglément à ses ordres, et s'avance à son rang de bataille.
Tout marche aussi, et marche avec rapidité; car aux jours
de Juillet nous le croyions, ce parti, enseveli pour toujours
sous les pavés des barricades : aujourd'hui il nous presse, il
nous domine, il nous parle déjà d'amnistie; demain il va
nous imposer une nouvelle Restauration.

Agissons de même, mes frères, serrons nos rangs; que
chacun de nous fasse le sacrifice d'une portion de son
opinion personnelle, et bientôt nous nous entendrons. Que
les plus habiles dirigent; consentez-y sans regret. Surtout
plus de mesures extra-légales; toutes nos démarches doivent
être celles de bons citoyens bien soumis aux lois du royaume.
Point d'émeutes; elles ne se font pas à notre profit. Mais
parlons et écrivons, étendons nos relations avec les provinces;
la terre y est prête à recevoir la semence de nos doctrines;
envoyons-y partout des missionnaires de liberté. Lions-
nous d'intérêt avec nos frères d'Angleterre et d'Allemagne:
là aussi il y a de nombreux fermens qui doivent remuer les
vieilles sociétés. Surtout établissons bien ce que nous devons
mettre à la place de ce qui est. Que la liberté dont nous
montrerons l'image aux hommes, puisse commander leur
amour par son air de sagesse et de bonté. Ces vieux rêves
de république à l'antique n'étaient bons qu'à séduire des
esclaves dans le premier délire de leur affranchissement;
mais nous, nous ne voulons ni porter la toge, ni dîner
avec du brouet. Qui n'admirera pas tôt ou tard avec nous
cette république américaine, qui fait plier sa constitution
à tous les besoins de climats et d'hommes si différens;
qui donne le bonheur à bon marché (à bon marché, entendez-vous), sous le tropique et près du cercle polaire? Modi-
fions-la, soit : des convenances locales l'exigent. Une telle

république, mes frères, vous pouvez la fonder sur la qualité la plus certaine de l'homme, sur l'égoïsme bien entendu ; et c'est là, croyez-moi, une plus solide base dans ce siècle de fer, que le désintéressement et la vertu. Vous savez d'ailleurs à quelle triste extrémité on était réduit il y a quarante ans, pour infuser la vertu. On n'avait d'autre moyen que la guillotine, et ce moyen-là ne ferait pas une conversion aujourd'hui.

Si nous nous rallions tous à ce principe, notre ligue sera peu nombreuse d'abord, je le veux croire ; mais qu'elle soit fortement cimentée, et l'avenir sera bientôt à nous ; et c'est la grâce que je vous souhaite, mes bons amis ; car cet avenir c'est un état de paix sans nuages et de liberté sans entraves.

JONATHAN.

Imprimerie de Henri DUPUY,
rue de la Monnaie, n. 11.

www.ingramcontent.com/pod-product-compliance
Lightning Source LLC
Chambersburg PA
CBHW060737280326

41933CB00013B/2670